AF264050

NOTICE

SUR

LE BON PÈRE COTTEREAU

SUPÉRIEUR DES MISSIONNAIRES DE NOTRE-DAME DU CHÊNE

MISSIONNAIRE APOSTOLIQUE

Chanoine honoraire du Mans

MORT EN MISSION A DOMFRONT-EN-CHAMPAGNE

LE JOUR DE L'IMMACULÉE-CONCEPTION

8 Décembre 1877

ET INHUMÉ AU CIMETIÈRE DES MISSIONNAIRES DIOCÉSAINS

DE LA CHAPELLE DU CHÊNE

LE MANS

IMPRIMERIE ET LIBRAIRIE LEGUICHEUX-GALLIENNE

15, RUE MARCHANDE, 15

1878

A M. LE DIRECTEUR DE LA SEMAINE DU FIDÈLE

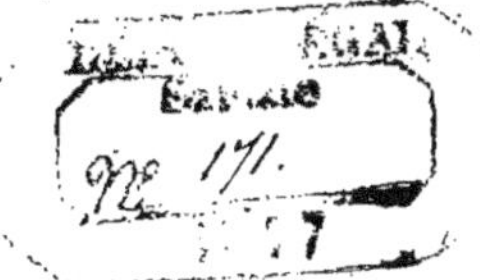

Monsieur le Directeur,

I

Je satisferais avec autant de succès que de bonheur à votre honorable invitation, et au désir manifesté de mes Confrères, si j'avais sous la main, non des détails biographiques que vous pouvez vous procurer, mais seulement la délicieuse Improvisation que Monseigneur a laissé couler de sa bouche d'Évêque, avant l'Absoute que Sa Grandeur a voulu faire Elle-même pour honorer notre cher et vénéré Défunt.

C'était du reste l'écho fidèle et bien saisi de l'exclamation unanime qui s'était élevée de tous les cœurs, à la nouvelle, répandue dès Samedi et Dimanche, dans toute l'étendue de la Province, de la mort du bon P. Cottereau : exclamation de tristesse sans doute, mais d'une tristesse, qui tout en laissant leurs droits à la tendresse, à l'amitié, à la reconnaissance, était si largement trempée des consolations de la sainte Espérance, que l'on se sentait soulagé dans ses larmes par la persuasion universelle, la conviction profonde et raisonnée, que c'était la mort d'un vrai Saint.

« Hélas ! disait-on unanimement, et presque uniformément, le bon P. Cottereau vient de mourir ! Il est mort en mission, presque en chaire, à Domfront-en-Champagne, le jour même de l'Immaculée Conception ! Oh ! c'est un saint, il est bien sûr allé tout droit en Paradis. Notre-Dame du Chêne, qu'il a tant honorée et aimée, l'aura bien accueilli à son entrée au Ciel ; Elle l'aura placé à côté du bon P. Gautier, son vieil et saint ami, qui l'a précédé de dix mois seulement. »

Tel fut dans toutes les paroisses du Maine, à mesure que l'on apprenait cette nouvelle, l'éloge funèbre qui jaillit, comme de source, de la bouche et du cœur de tous ceux qui l'ont connu, ou seulement entretenu une heureuse fois dans leur vie.

Elle est courte, cette oraison funèbre ; mais elle est si vraie, si sincère et si unanime, que vraiment on court grand risque de paraître quelque peu prolixe, si l'on veut étendre la louange alors qu'elle est dans toutes les bouches ou sous la main de tous : *prolixa laudatio est, quæ non quæritur, sed tenetur*. Mais il faut en conclure avec le même saint Ambroise, que personne n'est plus digne d'éloges que celui qui peut être loué par tout le monde : *nemo laudabilior, quam qui ab omnibus laudari potest*. Ce n'est donc pas la matière qui ferait ici défaut, mais plutôt l'espace et le temps, pour conserver les limites et les proportions convenables.

II

Pendant près de cinquante années, du 20 juillet 1828 au 8 décembre 1877, M. l'abbé René-Denis-ou-Désiré-Frédéric Cottereau (1) a certainement fourni l'une des plus belles carrières que puisse envier un saint prêtre, un homme de Dieu, une âme vraiment apostolique ; et, à ce propos, il se présente comme spontanément à la pensée un double éloge tiré des Livres Saints : *incedens in omnibus mandatis et justificationibus Domini sine querela ;* « il a marché irréprochable dans tous les commandements et les justifications du Seigneur » ; il a plus fait encore, si l'on veut recueillir dans sa pensée l'immense moisson de mérites, et l'inappréciable trésor de richesses spirituelles que lui ont acquis en tous lieux les divers ministères qu'il a remplis, depuis l'important vicariat de Brulon, jusqu'à la Retraite inachevée de Domfront. Assurément il ne s'est pas présenté devant Dieu les mains vides, puisque, au contraire, nous voyons tous les jours de sa vie laborieuse pleins de ses bonnes œuvres, et remplis, par surcroît, des fruits abondants de conversions, de sanctification et d'édification, qu'il a produits dans une foule incalculable d'âmes : *et dies pleni invenientur in eo*.

III

C'est dans son vicariat de Brulon, où les anciens se souviennent encore de son zèle, tout embaumé de sa récente onction sacerdotale ; c'est là

---

(1) Né en 1804 à Crosmières, au doyenné de La Flèche, d'un de ces braves que l'ancien Bonaparte qualifiait de géants, le jeune René-Désiré-Frédéric fit ses premières Études sous des maîtres spéciaux, et ses humanités au collége de Précigné qui venait de s'ouvrir sous la ferme et paternelle direction de l'excellent M. Belenfant, son premier Principal : c'est là que commença à s'épanouir sa piété, l'amabilité de son caractère, et cette spirituelle gaieté qui le rendait si cher à tous ses condisciples, à tous ses maîtres, et au bon Principal qui l'aimait tout spécialement à cause de l'ensemble de ses belles qualités : il se trouve qu'il a terminé sa belle vie, chez l'un des neveux de ce vénérable premier Supérieur du Petit-Séminaire, l'excellent curé de Domfront.

d'abord, et dans les paroisses environnantes, qu'il jeta les fondements de cette dévotion qui a toujours depuis distingué ce pays, l'un des plus religieux encore de notre Maine. On vit de bonne heure, à sa piété, et aux heureux succès qu'elle obtint en moins de trois ans, qu'il était, quoique bien jeune encore, digne et capable de diriger les saintes Hospitalières d'Ernée, dans un pays plus religieux encore ; mais bientôt une vocation plus belle, plus grandiose, se révéla en lui, aux yeux du clergé de cette ville et des paroisses de ce grand Doyenné ; et son amour des âmes qui ne sut jamais refuser aucun service à ses Confrères, aucune invitation à prêcher la divine parole, sans avoir égard à sa santé, à ses forces, ni même à sa réputation de prédicateur, lui fit souvent franchir les limites trop étroites pour lui de son humble couvent et de son hôpital : il devint dès lors Missionnaire, et débuta dès ce temps, 1831, avec un vrai succès à cette longue vie apostolique qui devait durer un demi-siècle.

C'est assez de trois ou quatre ans pour évangéliser une région particulière ; et d'ailleurs son noviciat de missionnaire était plus qu'achevé : il était mûr déjà et exercé pour entamer, avec le saint homme Nourry, et le saint homme Hupier, et bientôt le saint P Gautier, cette Œuvre gigantesque des Missions diocésaines, et de la Congrégation des Salvatoristes de Sainte-Croix du Mans, qu'avait conçue depuis longtemps, et que voulait enfin réaliser, en 1836, le zèle dévorant d'un Directeur, bien connu de tous, du séminaire de Saint-Vincent, le T.-R. P. Moreau. Il était en réalité alors, ce Très-Révérend Père, l'un des premiers prédicateurs de France, et il y avait, je l'assure, en ce temps là des géants. Pour lui, il ne le cédait à aucun, ni en éloquence vraiment apostolique, ni surtout en zèle pour la gloire de Dieu et le salut des âmes ; mais il avait vraiment besoin du tempérament qu'aurait apporté à sa fougue sacrée le spirituel, judicieux et modeste abbé Cottereau, alors dans la force de l'âge et la maturité de la vertu.

C'était une heureuse inspiration au saint P. Moreau de se l'être associé, pour commencer son œuvre ; elle eût été encore plus heureuse si le bon Supérieur des premiers Prêtres Auxiliaires, ou missionnaires diocésains, avait effectué le dessein, manifesté à plus d'une reprise en public, de se démettre de sa charge en faveur du P. Cottereau ; mais outre que la modestie de ce bon Père et la rectitude de son jugement eussent malaisément accepté le fardeau écrasant d'une entreprise démesurément gigantesque, il aima mieux continuer ses missions partout où il était envoyé dans le vaste Diocèse, sentant bien, par une expérience déjà longue, que c'était là sa vraie vocation, et que, selon le proverbe vulgaire, qui trop embrasse, mal étreint.

IV

Après cinq années nouvelles de missions en tous lieux et d'incroyables fatigues ét de jour et de nuit, sans parler d'incroyables tracasseries intérieures, qui ne permettaient au cœur ni à l'esprit de se remettre, pour reprendre bientôt ce laborieux ministère, le P. Cottereau alla se reposer dans l'important vicariat de Saint-Vénérand, de Laval.

Il y avait là, comme Curé de cette immense paroisse, un très-saint et très-savant prêtre, très-pieux, très-aumônier, très-distingué certainement, non-seulement du côté de la naissance, mais encore de l'éducation ; d'une urbanité exquise, d'une politesse princière ; mais tout cela, peu connu, mal apprécié du peuple, et trop au-dessus du vulgaire, même des hommes instruits, pour être bien et sainement jugé. Avec son esprit fin et pénétrant, avec le riche ensemble des belles qualités et des excellentes dispositions qu'il apportait, le bon P. Cottereau, devenu simple vicaire, rendit d'abord à son curé le plus humble respect, qui se transforma bientôt en affection toute filiale, rivalisant avec lui de prévenance, d'exquise politesse et de tout le dévouement que réclamaient ses infirmités naissantes. Ils se comprirent bientôt, et en peu de temps ils devinrent deux amis intimes. Ses excellents collègues, loin d'en être froissés, respectaient et aimaient en eux comme deux pères, à inégale distance, en raison de leur âge respectif, mais l'abbé Cottereau, comme un frère aîné, comme un bon conseiller, initié déjà à toutes les difficultés du saint ministère, comme un excellent ami qui se faisait leur égal, toujours prêt à les obliger, et vraiment comme la forme parfaite qu'ils pouvaient imiter en tout. C'était un modèle de vicariat, c'était vraiment une excellente famille sacerdotale. En peu de temps ils eurent relevé l'honneur humilié du sacerdoce, et consolé toutes les âmes affligées de la crise fâcheuse, heureusement momentanée, qui avait passé comme une trombe sur la ville.

Dieu bénit cette aimable concorde qui régnait dans la maison presbytérale, grâce aux excellentes dispositions de tous assurément, mais surtout aux belles et aimables qualités du bon P. Cottereau, qui en était l'âme et comme le délicieux condiment.

Ils firent tous ensemble, sous cette bonne influence, et dans cette sainte rivalité de zèle aussi pieux que prudent, un bien infini dans la grande paroisse, un bien réparateur qui valut mieux qu'une excellente mission, mais tout à petit bruit, selon l'esprit de l'Évangile.

V

Cependant, le bon curé allait mourir ; et comme les hommes de Dieu ne se laissent point surprendre par la mort, il voulut tout régler, même pour son successeur, dans cette paroisse des plus grandes et des plus importantes de l'immense Diocèse. Il avait compris de bonne heure, avons-nous dit, ce vicaire hors ligne, que la bonté de Mgr Bouvier lui avait envoyé, pour le dédommager, et pour le seconder comme un autre lui-même, plutôt en qualité de confident intime, que de simple vicaire. Mais quand il l'eut apprécié à sa juste valeur, et estimé d'après cet ensemble complet de qualités, de talents vrais et de vertus formées, rehaussées de la vertu la plus évangélique, la modestie, comme nous allons le dire, il n'hésita plus à faire une démarche des plus graves, comme aussi des plus honorables pour le bon père Cottereau : ce fut de le demander pour son successeur, avec instance et insistance, à Mgr Bouvier. Il y eut revirement dans la suite ; mais cette nouvelle épreuve, quoique des plus sensibles, vint comme toutes les autres échouer impuissante, ainsi qu'une lame amère, devant l'âme fortement cuirassée du bon Père. Et d'ailleurs, à tout mal il y a un remède ; au moins si ces hommes modestes se trouvent mis parfois à l'épreuve, leur vertu se trouve sauvegardée.....

Quelques années après la mort du saint Curé, qui n'a jamais été connu que de Dieu et du beau vicariat dont nous avons dit ci-dessus la concorde pleine d'aménité, Monseigneur l'évêque du Mans proposa au choix du bon Monsieur Cottereau, ou la cure vacante de Saint-Denis-d'Anjou, ou la Supériorité des Missionnaires diocésains que Sa Grandeur voulait établir au sein même du Séminaire Saint-Vincent. C'était vers la Toussaint 1847. Le bon Père accepta cette dernière fonction qui allait mieux à son grand amour pour les âmes, à son âme de vrai missionnaire, reposée un peu à Laval des fatigues excessives des missions, et un peu ennuyée, il faut le dire, de ce genre prétentieux des prédications de ce temps, fort peu apostolique et fort peu afférent au profit spirituel des fidèles. Il y avait à Laval un Collége nombreux et renommé dans le temps qui avait précédé cette époque. L'usage s'était donc établi depuis déjà du temps, sous prétexte d'honorer le clergé de la ville, d'aller prêcher *ad turnum* dans toutes les églises, non le sermon chrétien que l'on avait d'abord prêché dans sa paroisse, mais le chef-d'œuvre oratoire que l'on avait composé lentement, appris péniblement, et que l'on débitait, à la satisfaction douteuse des professeurs, des rhéteurs de la localité, et des cicéroniens du temps. Il ne fallait manquer à aucune des règles de l'art oratoire, qu'on nous transmettait à nous autres alors, sous peine d'être mis au pilori de tous les Aristarques de la ville. On exigeait au moins qu'on donnât du Bossuet, du Bourdaloue ou du Massillon ; et, de fait, on en donnait souvent de pur sang... Assurément ce genre, grotesquement prétentieux, n'était point du goût du pieux et judicieux abbé Cottereau. Heureusement les Pères Jésuites d'alors, les Gloriot, les Combalot, et surtout l'entraînant et onctueux père Chaignon, venaient de temps en temps, par leurs prédications tout évangéliques. nous reposer de ce *fastidium* que nous inspirait seulement le faux genre prétendu oratoire.

Mais le bon Père Cottereau qui avait dû subir en gémissant le joug insupportable de cette prédication cicéronienne, ou bien d'un autre temps du moins, dédommageait sa foi, sa profe. de piété et son zèle tout sacerdotal, par ses délicieux Catéchismes, où brillaient à la fois tout son esprit, toute sa bonté et son attrayante aménité ; ou bien dans ses Conférences paroissiales du Carême, du mois de Marie, des Associations de piété, qui prirent naissance dès lors ; ou bien encore par quelques Retraites à la campagne et dans les Communautés ainsi que leurs Pensionnats.

VI

Il vint donc au Mans en 1847. Il y fut bientôt suivi du saint abbé Gautier, qui après avoir sanctifié la bonne paroisse de Trans, comme vicaire de son vénérable oncle, et ensuite comme curé de ce vénérable vieillard, puis embaumé tout le pays de Bais et de Villaines du parfum de sa foi et de l'odeur de ses vigoureuses vertus ; après avoir dépensé en aumônes prodigues une partie de sa belle fortune, était venu, *relictis retibus et patre*, fonder ici le Carmel dont il fut le premier aumônier. Mgr Carron, qui s'entendait en hommes, et savait découvrir le vrai mérite de ses prêtres, au travers des campagnes les plus obscures et du voile dont s'enveloppait l'humble simplicité des plus modestes, ne connaissait pas, disait-il alors, de plus saint prêtre dans son vaste Évêché : il n'hésita donc pas à lui confier l'aumônerie des filles de sainte Thérèse qui venaient s'établir dans notre ville du Mans, pour nous servir, au moins de ce côté, de fort armé et de citadelle imprenable, bien plus précieuse à notre ville que tous ces régiments, braves sans doute, mais assez mal conduits, dont nos ennemis ont naguère triomphé. Le petit Zézus, comme tout le monde l'appelait, qu'une jeune précipitation, qui ne voit que l'écorce toute rugueuse de l'arbre sans fruits, nous a dernièrement photographié avec la vieille tunique de ses quatre-vingts ans, ce bon et vénérable Père ne se vantait pas d'avoir toujours été des premiers de son cours, sous l'illustre Boyer à l'Oratoire ; et quant à ses sermons de la contrée de Bais et de Villaines-la-Juhel, je connais encore par centaines de robustes chrétiens qui ont gardé, après un demi-siècle, toute l'impression de ses prédications sur la Mort, le Jugement, l'Enfer, le Paradis, la sainte Vierge et les saints Anges, dont il a chanté le triomphe sur Satan dans un cantique devenu populaire dans presque toute la France. Allez donc me trouver un seul cicéronien prétentieux qui ait produit dans les âmes des fruits aussi durables, sans parler des innombrables conversions *qui se faisaient à lui* de préférence, en raison de sa sainteté reconnue de tous. — Cicéron, du reste, reconnaissait déjà que c'est le *cœur* qui rend disert et éloquent ; et il en avait, le bon père Gautier, du cœur ; et un cœur tout rempli du feu de l'amour divin, d'un feu inextinguible, ce qui fait le Convertisseur d'âmes. Il vint donc en 1847 s'adjoindre au bon père Cottereau, dont il est resté jusqu'à la mort l'ami le plus affectueux, et le disciple le plus humble et le plus soumis. Avant de se rendre à Saint-Vincent, il avait vendu tous ses champs et ses biens pour en distribuer tout le prix en diverses bonnes œuvres, — plus de 80,000 francs ; et en se présentant au Supérieur de la maison, en présence du bon père Cottereau, il dit avec cette simplicité plus que charmante : Moi, ze n'ai point de talent, mais z'ai du cœur ! Tout le monde, qui le savait d'avance, applaudit à sa résolution ; et Dieu seul connaît tout le bien qu'il a fait à l'église de Saint-Julien, dans toute l'étendue du diocèse du Mans, jusqu'à sa précieuse mort, la surveille de son saint Patron, dont on dut, le 26 janvier de cette année, chanter les premières Vêpres au retour de son enterrement.

Excusez-moi, mon cher lecteur, de cette disgression sur le père Gautier : Je lui devais ce tribut de ma vénération et de ma prédilection ; et puis d'ailleurs, il était pour le bon père Cottereau son bon ami et son guide assuré, comme une seconde âme, toute conglutinée à la sienne, par l'onction du même amour de Dieu et du prochain. Oui, le bon père Cottereau fut son guide, le modérateur de son zèle, mais toujours son très-respectueux ami. Établi alors dans sa vrai sphère, et replacé dans son orbite naturel, on ne saurait dire combien depuis juste trente ans, il sut donner aux Missions diocésaines de cet élan modeste, de cet entrain retenu, et de cette fécondité qui prend le temps de germer, de croître, de mûrir, pour rapporter ensuite au centuple une abondante moisson de pur froment, ou des fruits qui nourrissent, fortifient et conservent : jamais de faux clinquant dans les Missions du père Cottereau : ce n'était point de l'or, ou moins encore du similor, mais de pur argent sans alliage, passé sept fois au creuset de l'esprit de foi, de l'amour de Dieu et de cette douce et aimable prudence, qui ne brusque rien, mais attend, pour saisir avec habileté le moment de la grâce, et bien un peu aussi, que les gens *aient leur prêt*, selon leur langage expressif. Il en fallait de cette habileté prudente, qui n'éteint pas le zèle comme fait une prudence toute humaine, mais le modère dans ses écarts ou le stimule dans ses défaillances momentanées ou dans les fatigues qu'il subit presque nécessairement parfois dans le corps de notre humanité. Je ne dis pas les difficultés de tout genre dont chacun vous apporte sa moisson épineuse dans les missions; mais pour persévérer pendant un demi-siècle à faire en tous lieux des missions, partout fructueuses, en son propre pays, et s'en tirer sauves-bagues, sans peur et sans reproche, il faut plus que de l'habileté, plus que de la prudence humaine; il faut même quelque chose de plus que des talents, de l'esprit, du génie; il faut nécessairement l'esprit de Dieu et le secours sensible de sa grâce toute puissante : c'est là seulement ce qui peut nous expliquer, et tout le bien que le père Cottereau a fait à toutes les classes de la Société, à toutes les conditions, à tous les âges, et son intacte réputation de saint prêtre, de saint missionnaire et d'excellent ami de tous.

VII

Il nous est impossible de parcourir ici les mille paroisses de villes ou de campagne, les centaines de Communautés, Institutions, Colléges, Pensionnats et Associations de piété, qui ont vu rayonner son zèle apostolique, non des splendeurs éblouissantes du soleil, mais plutôt de la douce et aimable clarté du flambeau de la nuit, symbole de la Sainte Église, et de la prédication du missionnaire, laquelle n'est que le reflet atténué et proportionné à nos yeux, du Soleil de justice. Depuis le modeste vicariat de Brûlon, et son humble monastère d'Ernée, jusqu'à la paroisse de Domfront où ce précieux flambeau a disparu pour aller briller dans le Ciel, de tout l'éclat de ses mérites et de ses vertus cachées, on peut affirmer, sans restriction aucune, qu'il a répandu en tous lieux la bonne odeur de Jésus-Christ, aussi bien dans le cœur des prêtres qui sont tous restés ses amis, que dans le cœur des fidèles, qui tous l'ont aimé et pleuré comme un père. On songeait à Domfront, ou plutôt on aurait aspiré, à nous disputer ses dépouilles mortelles, et il en eût été de même en tous les lieux où il a séjourné, ne fût-ce qu'un seul jour de prédication ou de retraite.

VIII

Et pour taire le bien, les fruits de salut et les conversions à tous les degrés, qu'il a faits dans les âmes des fidèles, combien n'a-t-il pas suscité, par l'onction de son attrayante vertu, de vocations religieuses pour alimenter toutes les Communautés du vaste Diocèse du Mans, soit d'Evron et de Ruillé, soit du Carmel naissant, soit des Trappistines de Laval, ou des Religieuses de l'Adoration perpétuelle des Maillets ou de Haute-Follis, ou du Sacré-Cœur, de la Visitation du Mans et de Mayenne, ou des Bénédictines du Saint-Sacrement de Craon, des Ursulines de Château-Gontier et des Hospitalières de presque toutes les villes de la Province, sans parler des Sœurs de Saint-Vincent-de-Paul, des Sœurs de la Miséricorde et des humbles Petites-Sœurs des Pauvres? Il n'y a pas une seule Communauté peut-être dans le Maine, où le bon P. Cottereau n'ait envoyé, suscitées par la douce aménité de son zèle, une ou plusieurs religieuses : quant à Evron et à Ruillé, on pourrait y compter par nombreuses centaines ses filles spirituelles.

C'est par centaine aussi, qu'il faudrait compter les jeunes gens auxquels la suavité de ses entretiens intimes et le charme de ses Retraites d'Enfants, indiquaient dès le temps du Catéchisme, le chemin du Sanctuaire ou d'une Congrégation de Frères ou de Religieux. Il les retrouvait dans la suite à Précigné ou à Mayenne, à Château-Gontier, à Saint-Calais et à Mamers, d'où ils se rendait, pendant bien des années, au beau Collége d'Argentan, et autres lieux *extra-muros*, où il attirait sans peine à lui tous ces jeunes gens pleins de cœur, pour les amener tous à Dieu par l'édification de sa vie, le charme de sa conversation, par ce naturel suave et grave, et cette simplicité tout évangélique, rehaussée toujours de mille traits d'esprit sans prétention et sans recherche, par ce genre de prédication familière dont il avait seul le secret inimitable, assaisonné de ces charmantes paraboles, de ces délicieuses histoires fabriquées quelquefois sur place, mais dont il tirait un parti admirable qui finissait toujours par enlever le cœur, la sympathie, l'affection de tout son Auditoire, aussi bien des Maîtres que des Élèves, des amateurs de haute littérature que de ceux qui ne cherchent que l'édification, tout en exigeant néanmoins quelque intérêt, quelque attrait de diction chez le prédicateur.

Sans doute, les Cicéroniens des Colléges n'y trouvaient pas toujours leur compte, et le bon Père ne se proposait pas non plus de chatouiller vaniteusement leurs oreilles par le nombre, la cadence et l'harmonie de périodes artistement symétrisées ; et néanmoins, tous étaient à la fin forcés, par leur propre entraînement et l'assentiment général, d'avouer que la vertu sensible de ce saint Prêtre, que cette gravité aimable et sans austérité, cette sérénité, cette placidité de son visage, cette pose pleine de dignité sans raideur, cette parole bien accentuée qui était dans sa bouche comme la douce exhalaison, non d'un parterre bien cultivé de fleurs, mais des odeurs moins énervante d'une campagne embaumée de tous les produits de la bonne et belle nature, d'avouer enfin que cette piété si vraie, si profonde, si épanouie, qui dictait à ce Prédicateur d'aussi exquises Conférences, pourrait bien fournir aux Traités de l'art oratoire une partie importante, inconnue du païen Cicéron, au profit incontestable de l'éloquence de la chaire et de la prédication évangélique.

Pendant une mission, un bon doyen, facile à émerveiller, écrivit un éloge ébouriffant de son prédicateur au vénérable principal de Château-Gontier. Celui-ci lui répondit : « Je suis enchanté, mon cher frère, du bon succès de ta Mission, et du bien que produit ton éloquent prédicateur. Pour moi, j'ai redemandé encore pour mes enfants le bon P. Cottereau. Tout prêche en lui, son maintien, sa pose, et surtout ce qu'il y a d'insinuant dans le ton de sa voix et l'accent persuasif de sa parole. Mais il prêche encore mieux dans l'intimité, comme il y paraît toujours après les Retraites qu'il nous a plusieurs fois données. Aucun des nombreux Prédicateurs que j'ai fait venir n'a encore mieux réussi auprès de nos jeunes gens pour produire dans leur âme un bien vrai et durable » (2).

<h1 style="text-align:center">IX</h1>

On pourrait dire la même chose et obtenir le même témoignage des mille endroits où le bon P. Cottereau a prêché, tant à la campagne qu'à la ville, et particulièrement dans les Communautés et leurs nombreux Pensionnats. C'est là surtout qu'il se trouvait à l'aise, tandis qu'ailleurs, dans des chaires plus élevées et devant des auditoires plus redoutables, sa modestie se transformait, au moins en commençant, en une sorte de timide inquiétude, dont son humilité et sa vertu pouvaient seules triompher. Mais alors, il appelait Dieu à lui, et la bonne sainte Vierge à son secours, et il finissait par entraîner les plus rebelles et les plus dédaigneux. Combien de pauvres vieux attardés, que tous les orateurs de passage n'avaient pas

---

(2) Plusieurs se demanderont peut-être, en considérant l'ensemble si parfait de sa vie, s'il n'avait pas eu quelque envie de devenir Religieux ? Je sais qu'il y avait songé bien des fois, et très-sérieusement ; mais plusieurs de ses meilleurs conseillers, prévoyant tout le bien qu'il ferait dans le monde, lui avaient fait considérer qu'en voulant uniformer son genre tout spécial de prédication, on pourrait l'entraver et le paralyser ; que d'ailleurs un bon Prêtre séculier pourrait faire beaucoup de bien aussi à ses Confrères, s'il savait gagner leur estime et leur affection à la fois ; qu'enfin un prêtre séculier appartient, lui aussi, à un Ordre Religieux, et le premier de tous, fondé par Notre-Seigneur Jésus-Christ. Il s'était donc contenté d'être un humble Tertiaire de saint François ; et il était Directeur des Prêtres du Tiers-Ordre à Notre-Dame du Chêne.

ébranlés, mais tout au plus vaniteusement amusés, sont venus en tous lieux verser à ses pieds les larmes d'un sincère repentir et déposer dans son cœur maternel le lourd fardeau qui pesait sur leur cœur depuis bien des années ? Mais dans les Pensionnats, les Colléges, les Petits Séminaires, les Associations de piété, les Retraites annuelles des Enfants de Marie, il n'avait qu'à ouvrir la bouche pour gagner au bon Dieu et à la très-sainte Vierge, tous ces jeunes cœurs si bien préparés d'avance par leurs Maîtres et Maîtresses, et par leur bonne nature, à recevoir toute la mesure de grâces que venait renouveler dans leurs âmes les Retraites annuelles du bon P. Cottereau.

Il ne négligeait pas dans la suite ces jeunes plantes qui, en raison de leur extrême fragilité, et des coups de vents si désastreux des ans critiques de la jeunesse, ont besoin de soins assidus, de bons et solides tuteurs, et d'une habile et fréquente culture.

— Oui, disaient parfois quelques appréciateurs précipités, qui ne voyant que la surface des hommes, les jugent et les prennent à la volée, à la vapeur, et les photographient à la seconde, et à l'instant rapide où leur objectif rencontre leur visage, selon l'esprit léger et les mœurs de nos jours, oui, le P. Cottereau s'entendait admirablement à faire de bonnes petites dévotes chez les sœurs d'Evron et de Ruillé. — Étrange compliment, qui sent son dédain d'une lieue ! Mais, ôtez donc de notre Religion abaissée, comme le sont toutes choses de nos jours, ces jeunes filles pieuses, ces femmes plus dévouées encore à toute sorte de bien que dévotes, qui conservent dans leurs familles tout ce qui nous reste de vraie foi dans tous les rangs de la société, que nous resterait-il ? Au moins, vous m'avouerez que c'est là, y compris nos Congrégations Religieuses, si dévouées elles-mêmes au soin de notre chère jeunesse, le vrai parterre de la Religion, parterre de fleurs embaumées, pépinière précieuse de l'avenir ; et qui plus que le bon P. Cottereau l'a cultivée avec une exquise dextérité pendant un demi-siècle dans toute la Province du Maine ?

Je ne veux pas lui attribuer à lui seul tout le bien qui s'y est fait : heureusement, nous avons encore bon nombre de saints Prêtres, bon nombre de saints Religieux qui ne laissent pas trop longtemps le champ du Seigneur en jachère, ni sa vigne demeurer en friche, ni ses parterres sans culture. Mais, parmi ces collections de jeunes plantes et de belles fleurs, Dieu seul pourrait nous dire combien le bon Père en a importées, cultivées de sa main, relevées de leur chute avec une rare douceur, étayées de nouveau pour leur donner encore des soins plus importants, alors que ces fleurs devenues plantes, et ces plantes arbres reproductifs, il leur communiquait, par le travail habile de sa longue expérience, cette fécondité de son zèle qui les rendait fertiles en toutes sortes de fruits de piété, de générosité, de dévouement à toute espèce de bien.

Non, sans doute, il n'a pas fait tout le bien qui existe chez nous ; mais il en est bien peu auquel il n'ait pas contribué par son travail ou la sainte influence de sa vie, toute consacrée au bien des âmes. Oui, lui, avec les siens, ses chers missionnaires de la chapelle du Chêne, a fait, depuis trente ans surtout, jusqu'au jour de sa mort, plus de bien dans les deux Diocèses du Mans et de Laval, plus de bien solide et réel et fécond, qu'on ne paraît le penser, depuis que l'on semble oublier, dans notre siècle vantard, que le vrai bien se fait à petit bruit, sans sonner de la trompette devant ou après soi, mais avec une humble modestie, par la règle irreformable de l'Évangile, que Dieu finit toujours par exalter les humbles, et humilier les superbes,

X

Or, le propre du caractère du saint P. Cottereau, c'était la modestie, plus encore, dans tout l'ensemble de sa vie morale et dans sa conduite de Missionnaire et de Supérieur des Missionnaires, que dans son maintien extérieur. Et cette modestie n'était pas celle d'une jeune fille qui rougit d'un compliment en le dégustant avec plaisir au dedans d'elle-même, ni de celle qui s'effarouche d'une parole déplacée, c'était en lui quelque chose de bien plus profond, une vertu bien plus philosophique, plus chrétienne. Les Saints Pères et les Docteurs mystiques nous la représentent sous l'image d'un habile modérateur ou conducteur du charriot de la vie spirituelle. Elle tient dans ses mains les rênes de toutes les facultés de l'âme, de toutes les puissances du corps, de tous les instincts bons et mauvais de la nature, les vertus mêmes et les vices, pour diriger tous ces divers coursiers attelés à son char, par le sentier inégal de la vie, avec autant de force que de prudence, tempérant la fougue des uns, stimulant, avec la douceur de la charité et la fermeté de la justice, la mollesse et l'inertie des autres, afin d'arriver sans encombre, à la lumière de la Foi, jusqu'au but de la sainte Espérance.

Ce n'est point une cinquième vertu morale, ni une quatrième cardinale, pas plus que l'humilité, son inséparable compagne, qui est l'essence de toutes les vertus, pas plus que cette exquise aménité, cette suave douceur et cette mansuétude, qui étaient comme l'épanouissement de sa belle âme : c'est plutôt le complément nécessaire et des plus rares, d'un ensemble vraiment achevé ; et l'on pourrait justifier par un mot profond de saint Thomas, cette appellation unanime, appliquée à notre cher défunt, selon les phases de sa vie, le bon abbé, le bon père Cottereau, en qui l'on a pu voir quelque léger nuage, inhérent à notre atmosphère, mais jamais rien d'absolument défectueux : *bonum ex integra causa.*

Ses vertus, à part cette modestie qui l'a toujours distingué entre tous, n'étaient point héroïques, ni son zèle tout de flammes comme un feu dévorant, retenu qu'il était lui-même par l'introuvable *Auriga* de toutes ses aimables qualités : mais c'était une douce chaleur, toujours entretenue, qui ne s'éteignait jamais, et réchauffait tous les glacés et les tièdes : juste ce qu'il fallait pour le beau ministère auquel il avait été si visiblement appelé.

Qui l'a jamais vu irrité, fâché même, alors qu'il pouvait en avoir les plus justes raisons? A qui a-t-il raconté son élévation définitive et arrêtée à l'un des plus beaux postes du vaste diocèse du Mans, la cure de Saint-Vénérand de Laval, où il s'était concilié tous les esprits dans toutes les classes de la société pendant son vicariat? A qui s'est-il plaint de la malveillante parole d'un envieux, qui fit surseoir à sa nomination officielle, déjà signée au Ministère des Cultes?

XI

On lui propose à la place la Cure de Saint-Denis-d'Anjou, ou la Supériorité des Missionnaires; il accepte cette dernière fonction, plus en rapport avec sa vraie vocation; et pendant douze années de provisoire il ne fut en réalité, sans s'en plaindre jamais, que le *Primus inter pares,* n'ayant la direction de rien, mais se faisant l'égal affable des plus jeunes d'entre nous, presque sans cesse en Missions, en Retraites, d'où il revenait aux vacances et rarement le long de l'année, nous apporter à tous, tant Directeurs que Missionnaires, l'aménité joyeuse de ses conversations, sans dire un mot de ses succès, l'aimable gaieté de ses spirituelles répliques, de ses récits plaisants et de ses bons mots pleins de sel et d'esprit, dont on pourrait composer un volume des plus récréatifs, mais où l'on chercherait vainement une parole blessante pour le prochain, ou une syllabe choquante pour les oreilles de ses Confrères enchantés. Ici encore on retrouverait, comme partout dans sa vie, ses prédications, ses rapports si variés avec toutes sortes de personnes et sa volumineuse correspondance, cette sage et prudente modestie, cette merveilleuse retenue qui ne dépassait jamais aucune borne, et savait observer toute convenance, selon les lieux et les personnes, mais tenait toujours d'une main sûre et habile, sans avoir même l'air d'y toucher, les guides de la conversation la plus variée, la plus animée, la plus naïvement juvénile, ramenant par une plaisanterie toujours aimable, mais d'une finesse exquise, et sur un ton demi-sérieux qui la faisait mieux ressortir encore, les écarts inévitables d'une discussion parfois trop animée. Dans les derniers jours de sa vie, alors qu'on le croyait *abaissé* sous le fardeau des ans, des infirmités et de ses travaux de cinquante années tout à l'heure révolues, il se trouva en présence d'une de ces humeurs massacrantes qui concluait à tout fusiller, tout noyer : —Oui, dit-il avec ce flegme extérieur que lui donnait sa vieillesse, mais, s'ils savaient nager, ou si votre fusil ratait ! Tout le monde partit d'un grand éclat de rire, et l'animation excessive du massacreur fut elle-même fusillée ou noyée. — Il ne voulait pas qu'on médît, et sans montrer cette sainte intention, l'une des vertus de sa vie, encore bien chère de nos jours, il savait lancer au travers d'une naissante méchanceté une de ces soudainetés si plaisantes que la médisance en demeurait mort née. C'était encore comme une prédication, où son exquise charité le disputait à l'esprit le plus fin, à l'à-propos le plus juste et le plus adroit : là-dessus il n'eut pas son égal ; mais il lançait ces à-propos plaisants avec la même dextérité que sa boule dans nos récréations joyeuses, quand il s'agissait de séparer son partner du maître, d'où est venu ce demi-vers de notre poète latin du Jeu de Boules : *Cotterius pulsando præit*..... et il était bien le premier à d'autres jeux plus importants.

J'ai souvent remarqué aussi une chose des plus belles, c'est l'habileté encore, avec laquelle il savait assaisonner excellemment toute conversation quelque étrangère qu'elle fût à la religion, d'un mot mis à sa place, d'une parole judicieuse du bon Dieu, de la très-sainte Vierge, du ciel, de l'éternité même ou de toute autre réflexion édifiante, non à la manière de ces inhabiles importuns qui d'un mot maladroit et tout hors de saison, vous blessent à la fois et l'esprit et le cœur, sans jamais faire de bien, mais plus souvent du mal. Chez notre bon P. Cottereau rien n'était importun, intempestif, ni non plus préparé, apprêté, tout était d'un bon sens naturel, d'une convenance sans recherche ; et son esprit tout plein de religion, et son cœur tout plein de charité, laissaient couler comme de source ces réflexions toutes spontanées, toujours condimentées du sel naturel de son inaltérable aménité, ou du sel béni de sa piété profonde.

Cet homme sans prétention, sans ambition aucune, avait-il la petite vanité de vouloir passer pour un homme d'esprit ? non, assurément, au contraire ; et c'est dans une intention opposée qu'il avait cultivé excellemment cette innocente facétie des calembours. Il connaissait fort bien la définition assez hasardée du dictionnaire de l'Académie, que c'est l'esprit de ceux qui n'en ont pas : « Eh ! répondait-il fort spirituellement, je me suis hâté de saisir au moins celui-là, puisque je n'en aurais pas pu attraper un meilleur. » Il se trompait fort, le cher Père comme tous ceux qui sont vraiment modestes : il avait de l'esprit, un esprit très-cultivé, très-exercé, très-fin, jusqu'à sa dernière heure ; et son habile cocher, le modérateur de sa vie, sa profonde et introuvable modestie en savait encore retenir les saillies délicieuses, quand il ne s'agissait pas de récréer agréablement ses confrères.

Mais ce qui est plus précieux que l'esprit, que tous les talents mêmes, il avait éminemment l'esprit de Dieu, l'esprit de foi, l'esprit de Notre-Seigneur Jésus-Christ, l'objet le plus ordinaire de ses méditations, et le sujet le plus commun de ses prédications. C'est en prononçant jusqu'à trois fois le nom tout adorable de Notre-Seigneur Jésus-Christ, sans pouvoir émettre une autre idée qu'il a cessé de prêcher et de vivre, et qu'il a fallu le descendre de chaire pour le mettre sur son lit de mort.

XII

Depuis près de cinquante années aussi que je le connais, je ne puis me rappeler parmi les nombreux saints prêtres que j'ai eu le bonheur de fréquenter, personne de plus accompli et surtout de plus modeste avec cet ensemble parfait des qualités et des vertus qui font le bon prêtre dans toute la meilleure acception de ce terme. J'en ai connu de plus savants, de plus humainement éloquents ; mais de plus constant, sans jamais se démentir un seul jour, de plus persévérant dans l'accomplissement de ses devoirs, dans la culture de toutes les vertus sacerdotales, ornées des belles choses qui précèdent ; enfin dans l'exercice irréprochable de tous les ministères et surtout des Missions pendant cinquante années, jamais (3). Que voulez-vous que j'ajoute à présent sur ses rapports délicieux avec ses chers Missionnaires de Notre-Dame du Chêne qui ont imposé à ma vieillesse le devoir, devenu aujourd'hui bien doux et bien cher à mon cœur si toutefois j'ai pu répondre à leur attente, de vous en présenter la belle et

---

(3) Nous ne parlons point, par sobriété, de cette profonde et tendre dévotion qu'il avait, comme le bon Père Gautier, pour la personne de Notre-Seigneur, pour la sainte Vierge et les saints Anges, pour les âmes du Purgatoire. Je n'ai jamais vu de religieux dire la sainte messe avec plus de gravité sans affectation. Et quant à son Bréviaire, c'était son secret de le dire toujours comme en commun à côté de son Ange gardien. Ses dévotions étaient nombreuses, mais sans fatigue, ne nuisant point par leur indiscrétion au repos exigé pour la méditation et l'oraison mentale. Il savait unir la vraie dévotion d'un prêtre judicieux à la simplicité de foi d'une femme profondément chrétienne. C'est par là qu'il se reposait de ses fatigues et remplissait le temps perdu de ses nombreux déplacements.

vivante photographie, J'ai essayé de dire ce que sans doute vous connaissiez de lui, de vous le peindre comme vous l'aimiez, comme vous le vénériez, vous tous ses enfants et ses innombrables amis. Un grand nombre de vous, Prêtres, Religieux et Fidèles, Chanoines vénérables des Chapitres de Laval et du Mans, a déjà entendu avec un assentiment bienheureux les magnifiques éloges dont Sa Grandeur Mgr d'Outremont a parfumé sa sainte mémoire, en lui rapportant sans restriction tout le bien qui s'est fait à Notre-Dame du Chêne depuis l'établissement de l'Œuvre, parce que en réalité il a été l'âme, le sage conseiller, le prudent modérateur et le plus efficace coopérateur par l'influence de sa vertu et de son nom bien-aimé de tout le bien qui s'y est fait. Mais combien d'autres dans tout le pays du Maine et par delà n'ont pas eu le bonheur de venir tempérer l'amertume de leurs regrets profonds en respirant autour de son cercueil, non l'odeur toujours délétère de la mort, mais la sainte odeur de sa belle vie et de ses aimables vertus? O vous qui veniez en foule de tout loin à ce beau Pèlerinage de la chapelle du Chêne, pour rendre d'abord vos hommages et présenter vos vœux et vos prières à Notre-Dame ; mais aussi pour avoir par surcroît le bonheur de parler un instant au bon Père Cottereau, qui vous avait fait tant de bien dès votre première enfance : revenez, revenez sans crainte prier encore bien longtemps sur sa tombe. Sa figure longtemps encore après sa mort n'inspirait point la peur, pas même aux plus petits enfants : sa tombe sera pour vous tout embaumée de consolations, d'aimables et précieux souvenirs, aimables comme lui-même ; et si Dieu en a fait un saint, un sanctificateur d'âmes pendant sa vie, comme l'a si bien dit notre Évêque, il sera encore après sa mort pour vous un sanctificateur plus efficace, à présent qu'il est en Paradis.

Séminaire Saint-Vincent, en l'octave de l'Immaculée Conception, décembre 1877.

P. GALBIN.
Prêtre missionnaire.

Le Mans. — Typ. Leguicheux-Gallienne

9 782013 046633